AF582354

OBSERVATIONS

PAR P. L. RŒDERER,

SUR l'Observation des Comités de Constitution et de Révision, prononcée dans la Séance du 14 août, par M. THOURET.

IMPRIMÉES par ordre de la Société des Amis de la Constitution, séante aux Jacobins, le 19 août 1791.

1791.

OBSERVATIONS

Sur l'Observation des Comités de Constitution et de Révision, prononcée dans la Séance du 14 août, par M. Thouret.

Suivant les comités, ce n'est qu'en restituant au pouvoir exécutif *les moyens de confiance et de facilité dans le choix de ses agens;* ce n'est qu'en levant l'*interdiction de prendre dans les législatures finissantes les agens que la confiance et l'estime publiques rendent nécessaires, que le gouvernement pourroit encore s'établir et opérer avec cette efficacité dont la France a besoin, et que l'assemblée nationale a vainement desirée depuis le commencement de ses travaux.*

C'est-à-dire, que le gouvernement ne peut s'établir si l'assemblée nationale ne révoque ou ne rend révocable le décret qui exclut les membres du corps législatif de toute place ministérielle pendant les deux ans qui suivront les législatures.

Je remarque d'abord que les comités regardent ce décret moins comme un mal pour la suite que comme un mal présent; qu'ils réclament moins pour les députés des législatures avenir que pour ceux de l'assemblée nationale actuelle. Selon eux, il n'est possible *encore* que le gouvernement *s'établisse* qu'en facilitant au pouvoir exécutif le choix de ses agens dans les législatures finissantes. Ainsi les comités pensent que le gouvernement n'est pas établi, que bientôt peut-être il ne pourra plus s'établir, et qu'il ne peut s'établir *encore* que par un ministere choisi dans l'assemblée nationale actuelle. C'est donc principalement pour que les membres de l'assemblée nationale actuelle puissent passer incontinent au ministere, que les comités réclament. Et, en effet, s'il ne s'agissoit que de l'avenir, quel motif auroit-on de critiquer le décret? dans deux ans, le roi ne pourra-t-il pas choisir dans tous les membres de la législature actuelle? deux ans après, la nouvelle législature n'aura-t-elle pas aussi offert au choix du roi un très-grand nombre d'hommes qui auront obtenu l'estime publique, et le nombre de ces hommes n'ira-t-il pas toujours en grossissant à mesure que les législatures s'écouleront?

Il m'a paru nécessaire de fixer nettement le sens de l'Observation des comités, parce que dans celles que je vais faire plusieurs tombent spécialement sur les avantages du décret dont il s'agit, relativement à l'assemblée nationale et à la prochaine législature.

Le motif sur lequel se fondent les comités est la nécessité que les principaux agens du pouvoir exécutif aient la confiance publique : je ne conteste pas le principe, mais je conteste la conséquence qu'on en tire.

1°. Dans un gouvernement tel que le nôtre, ou depuis deux ans des citoyens élus par le peuple exercent sous les yeux du peuple tant de fonctions diverses, il n'est pas raisonnable de dire que l'assemblée nationale offre seule des hommes en possession de l'estime publique; et sans aller plus loin que les ministres actuels, je pense fermement que si ceux dont on se plaint généralement et justement avoient été guidés, contenus ou dénoncés à propos par ceux qui veulent les remplacer, ils auroient eu une marche très-utile et très-réguliere.

2°. La section populaire de l'assemblée nationale agitée depuis deux ans, sans être néanmoins divisée par les chefs d'intrigues qui s'y sont entre-déchirés sans relâche, est cependant classée en différens partis par l'opinion publique, qui a pris les scandaleux débats de quelques individus pour l'expression des sentimens du grand nombre. Certainement aucun de ceux que la nation croit d'un parti n'a la confiance des personnes qui affectionnent ce qu'elles croyent le parti contraire, pas plus que s'ils étoient de ces aristocrates qui ne parlent plus, dont on ne parle plus, et dont on ne parlera plus, quoi qu'ils fassent. Ainsi, quelle que soit la confiance dont jouit l'assemblée nationale actuelle, il n'est aucun de ses membres, de ceux du moins qu'on appelle *marquans*, qui ne soit vu avec défiance au ministere par un très-grand nombre de citoyens.

3°. Quand il seroit difficile de trouver des hommes généralement estimés ailleurs que dans l'assemblée nationale, la révocation du décret n'en seroit pas plus convenable.

Il importe sans doute que les agens du gouvernement aient la confiance publique ; mais il importe bien davantage que la loi, dont le gouvernement ne doit être que l'instrument, soit honorée, respectée, chérie ; et qu'une sorte de religion fasse fléchir devant elle toutes les volontés. Plus la loi a d'autorité propre, moins le gouvernement a besoin de puissance pour la faire exécuter ; quand le gouvernement a de la force et que la loi n'en a point, ou en a moins, c'est la volonté de quelques-uns et non la volonté générale qui conduit tout. Ainsi, un état peut mieux se passer d'un gouvernement fort que de loix fortes, et plus fortes que le gouvernement. Ainsi, c'est essentiellement, et avant tout, aux loix qu'il importe d'imprimer le sceau de la confiance et de l'estime publiques ; et ce seroit une grande absurdité que de vouloir renforcer le gouvernement aux dépens de la force des loix.

Or, pour que les loix s'offrent à tous les yeux avec l'empreinte sacrée de la confiance publique et l'autorité suprême de l'assentiment général, il est nécessaire non-seulement qu'elles soient pures, mais encore qu'elles soient sorties d'une source reconnue et réputée pure ; il faut que les législatures soient non-seulement au-dessus de tout reproche, mais encore au-dessus de tout soupçon.

Eh bien ces conditions ne se rencontreroient pas dans des législatures dont les membres pourroient être ministres sans intervalle. De pareilles législatures deviendroient le seul passage par où l'on pût arriver aux places, le seul point d'où l'on pût défendre ceux qui y seroient. En conséquence, tous les hommes achetés par le ministere existant, ou disposés à se vendre, s'y précipiteroient ; tous les ambitieux et les intriguans qui voudroient s'emparer des places y afflueroient d'un autre côté ; beaucoup d'hommes qui y arriveroient purs seroient bientôt ou gagnés au ministère, ou excités à l'ambition par le spectacle de collegues qui espereroient, de prédécesseurs qui seroient parvenus. A la puissance de l'exemple, sur ceux qui se trouveroient dans ce dernier cas, se joindroit une sorte d'opinion publique qui se formeroit autour d'eux et qui sembleroit accuser tout député qui n'auroit pas fait sa fortune à la suite d'une législature, de n'avoir pas constaté ses talens, ou rendu de grands services, comme elle accuse de mauvais service l'officier qui se retire sans avoir obtenu la décoration militaire. Dans un semblable ordre de choses, il se formeroit nécessairement deux partis dans la législature : le parti du ministère, le parti de l'opposition ; les affaires seroient tiraillées en sens contraire, les intérêts publics écartelés par les intérêts privés. Les intrigues, les moyens de tactique remplaceroient les discussions sages et lumineuses ; une sorte de pugilat mal-faisant remplaceroit à la tribune le choc utile d'opinions exposées de bonne foi. Les loix qui résulteroient de ces mouvemens ne seroient que l'ouvrage de quelque passion et le triomphe de quelque parti. Par-là elles deviendroient suspectes, odieuses même ; et quand, par hasard, il en sortiroit d'utiles de tant de chances contraires à l'intérêt général, on y chercheroit encore des motifs de ne point les respecter. On sait qu'en Angleterre, où les loix sont faites par des partis, elles sont regardées comme les trophées de quelque victoire remportée non par la vérité sur l'erreur, par la raison sur les préjugés, mais par Fox sur Pitt ou par Pitt sur Fox ; aussi en Angleterre n'est-ce pas l'autorité des loix, mais l'autorité de quelques hommes qui gouverne, et il n'est pas un observateur qui ne sache très-bien que l'Angleterre est à son déclin, et que sa chûte est prochaine, si elle ne releve promptement sa constitution.

Il résulte de ce qui précede que quand on propose de placer les membres des législatures au ministere pour donner de la force au gouvernement, on propose en d'autres termes d'affoiblir la loi, de le fortifier aux dépens de la loi dont il ne doit être que l'agent subordonné, ou plutôt le simple instrument.

Voulez-vous une constitution fondée sur la morale et la confiance, ou sur l'intrigue, la force et la crainte? voilà à quoi se réduit la question. Si vous la voulez fondée sur la morale et la confiance, gardez-vous de faire perdre aux fonctions législatives ce beau caractere d'abnégation personnelle qui, n'en doutez pas, a fait jusqu'à présent la force de l'assemblée nationale; faites qu'à l'idée de suprême puissance puisse toujours être unie l'idée de suprême vertu, et soyez sûrs que c'est-là le meilleur moyen de mettre la suprême puissance en sûreté.

Jamais, nous dit-on, vous n'aurez de talens supérieurs dans vos législatures, si vous excluez leurs membres des places que donne le roi.

D'abord le décret ne les exclud pas; il ne fait que suspendre pendant deux ans leur éligibilité.

Secondement, je vous demande si les huit ou dix places que le roi peut donner, quoique suffisantes sans doute pour attirer mille ambitieux, le seroient pour attirer dans une législature tous les talens dont elle a besoin.

Je demande en troisieme lieu si le peuple en France n'a pas, par la nature de notre gouvernement, assez de places à donner en récompense des services rendus à l'état, pour que l'intérêt personnel, s'il animoit seul les hommes capables de rendre des services, les excitât à les offrir?

Je demande encore s'il est bien vrai que l'attrait des grandes places appelle seul les talens distingués sur un aussi beau théâtre qu'une assemblée nationale? La gloire n'a-t-elle donc pas des charmes qui lui sont propres? et n'attire-t-elle pas puissamment là où l'on peut s'occuper sous les yeux d'un grand peuple de ses droits et de ses intérêts ? Avant la gloire même, le patriotisme aussi ne se fait-il pas entendre ; et n'a-t-il pas aussi à offrir des plaisirs vifs et intimes ? Eh ! d'où nous sont donc venus tant de députés qui ont fait l'honneur de l'assemblée nationale actuelle ? s'étoient-ils donc élevés aux vertus et aux talens civiques par l'espérance de quelque place ministérielle ? étoient-ils donc de ces hommes perdus dans la voie des honneurs d'autrefois, et errans depuis des années sous les portiques de la faveur ? Non, sans doute. Eh bien ! de pareils hommes, il s'en trouvera toujours tant que des institutions coupables n'auront pas corrompu et nos nouvelles vertus et celles que nous avions conservées sous l'ancien régime, et qui nous ont servi à le détruire ; or, ce sont de pareils hommes qui font la force des législatures et donnent de l'autorité aux loix.

Tout concourt donc dans les principes à faire repousser l'idée de révoquer le décret.

C'est sur-tout en les appliquant à l'assemblée nationale actuelle que ces principes acquierent une grande force. S'il importe que les loix civiles ou réglementaires soient honorées, il importe bien d'avantage que les loix constitutionnelles le soient ; s'il importe qu'une simple législature soit supérieure aux défiances, il importe bien plus qu'un corps constituant les repousse. Les loix peuvent être variables ; l'intérêt public demande que les constitutions soit stables, et par conséquent bonnes et reçues comme telles. Or, si immédiatement après une constitution finie, ses auteurs s'emparoient des principaux pouvoirs établis par elle, on pourroit penser qu'ils ont fait, mesuré, calculé ces pouvoirs plutôt pour leur avantage que pour l'avantage commun : et comme la juste mesure de ceux qu'une bonne constitution doit donner au gouvernement est très-difficile à déterminer, qu'elle peut être l'objet d'une grande diversité d'opinions, beaucoup de gens seroient disposés à trouver trop forte la mesure du pouvoir exécutif, dès qu'ils le verroient entre les mains de personnes soupçonnées de l'avoir organisé pour elles-mêmes. Ce seroit-là sans doute une disposition très-contraire à l'intérêt de la constitution ; il faut donc éviter d'y donner lieu.

4°. Ce qui achève de fixer l'opinion sur le décret, c'est qu'en le révoquant on iroit contre le but qu'on seroit censé se proposer. On veut un gouvernement *fort* : eh bien, ce seroit un moyen d'ôter, non de donner de la force au gouvernement, que de mettre les députés de chaque législature à portée de parvenir au ministere sans intervalle. Cette faculté, combinée avec l'éligibilité à toutes les places populaires du gouvernement, établiroit dans le corps législatif une *opposition* terrible, dans laquelle le zèle des patriotes seroit toujours surpassé par l'esprit tracassier des ambitieux. Non-seulement les fautes du ministere seroient épiées, mais encore toutes les occasions de lui en supposer : il seroit attaqué, tourmenté, vilipendé avec d'autant plus d'acharnement que la bonne conduite des affaires publiques sembleroit lui promettre plus de stabilité. Ainsi les ministres appellés par la confiance publique seroient placés sous les coups redoublés de ceux qui auroient en main le plus de moyens de la détruire ; ainsi, pour prix des services que les premiers auroient rendus, ils se trouveroient écrasés par la malveillance de ceux qui auroient l'avantage de rendre quelques services actuels ; ainsi la nation perdroit sans retour des hommes qui, moins exposés aux attaques de la cupidité, auroient pu à la suite servir utilement et durablement la chose publique.

Je finis en observant que les circonstances de la révolution seroient encore un autre obstacle à la révocation du décret. Cette révolution a coûté de grands sacrifices à d'honnêtes citoyens; elle en a ruiné un grand nombre. On doit également cette révolution à tous les députés qui y ont concouru. Les uns avoient plus de talens, les autres plus de courage, les autres plus de vertu. D'ailleurs cette révolution n'est pas consommée ; elle ne le sera que quand le roi aura accepté, juré la constitution, et qu'une pacification générale, opérée par ses soins, nous aura donné un gage de sa fidélite à ses sermens.

Il conviendroit mal sans doute de séparer en deux classes les généreux auteurs de la révolution ; de désigner ceux qui auroient le plus particuliérement la confiance de la nation, en les plaçant au pouvoir exécutif, et en rendant les autres à leur vertueuse obscurité ; il conviendroit mal qu'une révolution qui a ruiné tant de citoyens fît la fortune de quelques députés : et relativement au roi, n'est-il pas d'une souveraine importance que la conduite de l'assemblée nationale à son égard depuis le 21 juin, que celle qu'elle tiendra à la suite, ne puissent être suspectes aux yeux d'aucun François, qu'on ne puisse regarder aucun décret, même aucune proposition énoncée à la tribune, comme le résultat de quelque traité particulier fait avec la cour, comme le prix de quelque promesse de sa part, ou la vengeance de quelque refus ?

www.ingramcontent.com/pod-product-compliance
Lightning Source LLC
LaVergne TN
LVHW050516160826
845677LV00003B/1164

* 9 7 8 2 3 2 9 6 4 1 8 8 1 *